金句的力量

点亮生活的启明星

西柚橙◎编

中国石化出版社
·北京·

内容提要

一本跨越时空的智慧合集，以短句的形式提炼古今中外哲人智者的人生箴言。从历史长河中的经典哲思启迪到当代生活洞察，以四大主题（励志/立业/修心/生活）直击现代人迷茫痛点。

该书在学生成长、职场进阶、家庭共读、心灵疗愈等多种场景皆宜阅读参考。

图书在版编目（CIP）数据

金句的力量：点亮生活的启明星 / 西柚橙编．北京：中国石化出版社，2025. 5. --ISBN 978-7-5114-7981-5

Ⅰ. H033.3

中国国家版本馆 CIP 数据核字第 2025SE0263 号

中国石化出版社出版发行

地址：北京市东城区安定门外大街 58 号
邮编：100011　电话：(010)57512500
发行部电话：(010)57512575
http://www.sinopec-press.com
E-mail：press@sinopec.com
北京科信印刷有限公司印刷
全国各地新华书店经销

*

787 毫米 ×1092 毫米 32 开本 4 印张 58 千字
2025 年 5 月第 1 版　2025 年 5 月第 1 次印刷
定价：48.00 元

前言

FOREWORD

如果把文字比喻成永不黯淡的星辰，那金句便是其中最为耀眼的存在。

它们是人类智慧的结晶，是思想的火花，是情感的凝练，如同一把把钥匙，帮助我们打开心灵的枷锁；又如同一盏盏明灯，照亮我们前行的道路。

每一句金句，都蕴藏着一个独特的世界。

它可能是在历史的长河中沉淀下来的至理名言，抑或是诞生于某个伟人的深思熟虑，甚至是来源于平凡人的生活感悟。它们或简洁明了，却饱含着深刻的哲理；或优美动人，传递着温暖的情感；或犀利深刻，直指现实的本质。当我们在生活中感到困惑、迷茫或受到挫折时，一句恰当的金句，往往能让我们豁然开朗，重拾信心与勇气。

每一句金句，都能引发一次思想的碰撞。

这本书中，一句句金句如同散落的珍珠，等待着读者去拾起、去品味。它们涵盖了人生的各个方面：关于梦想，告诉我们要敢于追逐，永不放弃；关于爱情，让我们懂得珍惜与包容；关于友情，教会我们真诚与付出；关于成长，提醒我们要不断学习，勇于挑战自我。

每一句金句，都会助力一场心灵的疗愈。

阅读这些金句，不需要正襟危坐，也不需要刻意钻研。你可以在清晨醒来时，读上一句，让它成为一天美好的开始；也可以在夜晚睡前，品上一段，让它伴你进入宁静的梦乡。无论何时何地，只要你翻开这本书，总能找到一句能触动心灵的话语，让你在忙碌的生活中停下脚步，思考人生的意义与价值。

金句的力量，在于它能跨越时空的界限，与不同时代、不同背景的人产生共鸣。它是人类共同的精神财富，是我们在人生道路上的良师益友。希望这本书中的每一句金句，都能在你的心中留下印记，成为你生活中的指引和慰藉。

愿我们在金句的陪伴下，能够更加勇敢地面对生活的挑战，珍惜身边的美好，让每一个日子都充满意义与温暖。

现在，就让我们一起走进金句的世界，感受文字的魅力，拥抱精彩的生活吧！

目录

CONTENTS

Chapter

01

励志篇

◎人生的价值不在于你拥有多少物质财富，而在于你对社会做出了多少贡献。

◎人生的意义在于不断地学习和进步，让自己变得更加优秀。

◎人生的价值在于实现自己的梦想，让自己的生命变得有意义。

◎人生是一场充满希望和梦想的旅程，我们要怀揣着希望和梦想，勇敢地向前走，无论遇到什么困难都不要放弃。

◎人生的道路上，我们要学会珍惜时间，不要浪费生命中的每一分每一秒，因为时间是我们最宝贵的财富。

◎人生是一场充满挑战和成长的旅程，我们要在挑战中不断地学习和进步，让自己变得更加成熟和坚强。

◎人生就像一场戏，演好自己的角色才是戏成功的关键。

◎人生就像一场电影，我们是自己人生的导演，要拍出一部精彩的电影，需要我们用心去构思和演绎。

◎人生如一幅画，我们要用自己的色彩去描绘出一幅美丽的画卷，展现出自己独特的风格和魅力。

◎人生的意义在于不断地挑战自我，超越自我，让自己的潜能得到充分的发挥。

◎人生的光荣，不在于永不失败，而在于能够屡仆屡起。

◎人生是一场漫长的马拉松，而不是短暂的百米冲刺。

◎人生的旅途，前途很远。然而不要怕，不怕的人面前才有路。

◎人生是一场自己与自己的较量：让积极打败消极，让快乐打败忧郁，让勤奋打败懒惰，让坚强打败脆弱。

◎人生的路，靠自己一步步去走，真正能保护你的，是你自己的人格选择和文化选择。那么反过来，真正能伤害你的，也是一样，是自己的选择。

◎人生的苦难是一笔宝贵的财富，它能让我们变得更加坚强和成熟。

◎人生的道路上充满了选择，每一次选择都可能改变我们的一生。所以我们要慎重地做出每一个选择。

◎人生的意义在于追求梦想，实现自己的价值。

◎人生是一场充满挑战的冒险，我们要勇敢地面对挑战，才能收获成功的喜悦。

◎人生就像一场赛跑，不在乎你跑得多快，而在乎你能坚持多久。

◎人生的道路上，我们会遇到许多困难和挫折，但只要我们坚持不懈，就一定能够克服它们。

◎人生是一场未知的旅程，我们不知道前方会有什么等待着我们，但我们可以带着希望和勇气去迎接它。

◎人生是一场漫长的等待，等待着我们去实现自己的梦想。

◎人生的旅途中，我们会遇到许多诱惑，我们要学会抵制诱惑，坚守自己的原则和底线。

◎人生就像一场马拉松比赛，途中我们会遇到各种困难和挑战，但只要我们坚持到终点，就一定能够取得胜利。

◎人生是一场充满变数的旅程，我们无法预测未来会发生什么，但我们可以做好当下，为未来做好准备。

◎人生的旅途中，我们要学会坚强，不要被困难和挫折打倒。

◎人生的道路上，我们要学会独立思考，不要盲目跟从他人的意见。

◎人生是一场充满希望的旅程，只要我们心怀希望，就一定能够走出困境，迎接美好的未来。

◎人生如同一棵树，需要不断地吸收养分，才能茁壮成长，结出丰硕的果实。

◎人生如一座山峰，我们要努力攀登，才能看到更美丽的风景，实现更高的人生目标。

◎人生就像一场冒险，我们要敢于走出舒适区，去探索未知的世界，才能发现更多的可能性。

◎人生的意义在于追求真理，不断地探索和发现世界的奥秘，让自己的知识和智慧不断增长。

◎人生如一首动听的歌曲，我们要用自己的经历去谱写旋律，用自己的情感去演唱，让这首歌充满生命的力量。

◎人生的幸福来自实现自己的人生目标，当我们为了自己的目标而努力奋斗并最终实现时，那种成就感和幸福感是无法用言语来形容的。

◎人生的意义在于创造价值，我们要通过自己的努力和付出，为社会、为他人创造出更多的价值，让自己的人生变得更加有意义。

◎人生就像一场冒险，我们要敢于尝试新的事物，接受新的挑战，这样才能不断地拓展自己的视野，丰富自己的人生阅历。

◎人生的意义在于不断地学习和成长，我们要保持学习的热情，不断地充实自己，让自己的人生不断地向上攀升。

◎人生是一场充满挑战和机遇的赛跑，我们要在挑战中寻找机遇，在机遇中迎接挑战，用自己的智慧和勇气赢得人生的胜利。

◎人生的意义在于追求自由和真理，我们要勇敢地追求自己的理想，不受外界的束缚，坚持自己的信念，寻找人生的真谛。

◎每一日你所付出的代价都比前一日高，因为你的生命又消短了一天，所以每一日你都要更积极。今天太宝贵，不应该为酸苦的忧虑和辛涩的悔恨所销蚀，抬起下巴，抓住今天，它不再回来。

◎每一个清晨，记得提醒自己：没有奇迹，只有你努力的轨迹；没有运气，只有你坚持的勇气。

◎生活不可能像你想象的那么好，但也不会像你想象的那么糟。人的脆弱和坚强都超乎自己的想象。

◎比别人多一点努力，你就会多一分成绩；比别人多一点志气，你就会多一份出息；比别人多一点坚持，你就会夺取胜利；比别人多一点执着，你就会创造奇迹。

◎征服畏惧、建立自信的最快最正确的方法，就是去做你害怕的事，直到你获得成功的经验。

◎生活从不眷顾因循守旧、满足现状者，从不等待不思进取、坐享其成者，而是将更多机遇留给善于和勇于创新的人们。

◎纵有疾风起，人生不言弃，以无畏的勇气直面生活的挑战。

◎成功没有快车道，幸福没有高速路，所有的成功，都来自不倦的努力和奔跑。

◎不登高山，不知天之高也；不临深溪，不知地之厚也。

◎恢弘志士之气，不宜妄自菲薄。

◎天行健，君子以自强不息；地势坤，君子以厚德载物。

◎一寸光阴一寸金，寸金难买寸光阴。

◎没有伞的孩子，必须努力奔跑。

◎成功属于坚持到最后的人。

◎今天拼搏努力，他日谁与争锋。

◎为梦想而战，为自己代言。

◎吃得苦中苦，方为人上人。

◎宝剑锋从磨砺出，梅花香自苦寒来。

◎不经一番寒彻骨，怎得梅花扑鼻香？

◎害怕什么，就去挑战什么。

◎不设限的人生，才有无限可能。

◎你比想象中更强大。

◎十年磨一剑，出鞘必锋芒。

◎只要方向对，不怕路遥远。

◎放弃很容易，但坚持一定很酷。

◎失败是成功的彩排。

◎今天的汗水，是明天的勋章。

◎今天的拼搏，是明天的底气。

◎十年寒窗无人问，一举成名天下知。

◎青春须早为，岂能长少年！

◎山阻石拦大江毕竟东流去，雪辱霜欺梅花依旧向阳开。

◎十年磨剑终成锋，一朝破竹势如虹。

◎书山有路勤为径，学海无涯苦作舟。

◎业精于勤荒于嬉，行成于思毁于随。

◎路漫漫其修远兮，吾将上下而求索。

◎长风破浪会有时，直挂云帆济沧海。

◎千磨万击还坚劲，任尔东西南北风。

◎纸上得来终觉浅，绝知此事要躬行。

◎乾坤未定你我皆是黑马，尘埃落定终将光芒万丈。

◎千淘万漉虽辛苦，吹尽狂沙始到金。

◎老当益壮，宁移白首之心？穷且益坚，不坠青云之志。

◎熬得住无人问津的寂寞，才配拥有诗和远方。

◎所有的为时已晚，其实都是恰逢其时。

◎你要相信，时光且长，你终将长成自己想要的模样，拥抱独属于你的未来。

◎成功的路上并不拥挤，因为坚持下来的人并不多。

◎不逼自己一把，怎么知道自己有多优秀。

◎命运如同手中的掌纹，无论多曲折，终掌握在自己手中。

◎发光并非太阳的专利，你也可以发光。

◎没有天生的信心，只有不断培养的信心。

◎人生伟业的建立，不在能知，乃在能行。

◎任何的限制，都是从自己的内心开始的。

◎含泪播种的人一定能含笑收获。

◎欲望以提升热忱，毅力以磨平高山。

◎当一个人先从自己的内心开始奋斗，他就是个有价值的人。

◎积极者相信，只要推动自己就能推动世界。

◎一个人最大的破产是绝望，最大的资产是希望。

◎行动是治愈恐惧的良药，而犹豫、拖延将不断滋养恐惧。

◎没有一种不通过被蔑视、忍受和奋斗就可以征服的命运。

◎失败是什么？没有什么，只是更走近成功一步。成功是什么？就是走过了所有通向失败的路，只剩下一条路，那就是成功的路。

◎让我们将事前的忧虑，换为事前的思考和计划吧！

◎再长的路，一步步也能走完；再短的路，不迈开双脚也无法到达。

◎当你感到悲哀痛苦时，最好是去学些什么东西。学习会使你永远立于不败之地。

◎伟人之所以伟大，是因为他与别人共处逆境时，别人失去了信心，他却下决心要实现自己的目标。

◎世上并没有用来鼓励工作努力的赏赐，所有的赏赐都只是被用来奖励工作成果的。

◎空想会想出很多绝妙的主意，但却办不成任何事情。

◎一个有信念者所开发出的力量，大于99个只有兴趣者。

◎成功不是将来才有的，而是从决定去做的那一刻起，持续累积而成的。

◎最可怕的敌人，就是没有坚定的信念。

◎喷泉的高度不会超过它的源头；一个人的事业也是这样，他的成就绝不会超过自己的信念。

◎信念是鸟，它在黎明仍然黑暗之际，感觉到了光明，唱出了歌。

◎人，只要有一种信念，有所追求，什么艰苦都能忍受，什么环境也都能适应。

◎伟大的作品不只是靠力量完成，更是靠坚定不移的信念。

◎有必胜信念的人才能成为战场上的胜利者。

◎信念是储备品，行路人在破晓时带着它登程，但愿他在日暮以前足够使用。

◎信念只有在积极的行动之中才能够生存，才能够得到加强和磨炼。

◎一个有坚强心志的人，财产可以被人掠夺，勇气却不会被人剥夺。

◎要成就一件大事业，必须从小事做起。

◎把每一件简单的事做好就是不简单，把每一件平凡的事做好就是不平凡。

◎天下大事，必作于细；天下难事，必作于易。

◎小事不做，大事难成。

◎无论什么时候，不管遇到什么情况，我绝不允许自己有一点点灰心丧气。

◎古之立大事者，不惟有超世之才，亦必有坚忍不拔之志。

◎有志者，事竟成，破釜沉舟，百二秦关终属楚；苦心人，天不负，卧薪尝胆，三千越甲可吞吴。

◎每一个清晨都是新的起点，别辜负了生命的每一份赐予，努力奔跑，追逐梦想。

◎当你在夜晚孤军奋战时，满天星光都因你而闪烁。

◎别害怕失败，每一次跌倒都是成长的机会，拍拍尘土，继续前行。

◎努力是会上瘾的，尤其是尝到甜头之后，让奋斗成为生活的常态。

◎没有等来的辉煌，只有拼来的精彩，用汗水浇灌未来之花。

◎不是看到希望才去坚持，而是坚持了才会看到希望。

◎你要悄悄拔尖，然后惊艳所有人，为梦想全力以赴。

◎天生我材必有用，千金散尽还复来。

◎粉身碎骨浑不怕，要留清白在人间。

◎亦余心之所善兮，虽九死其犹未悔。

◎老骥伏枥，志在千里；烈士暮年，壮心不已。

◎捐躯赴国难，视死忽如归。

◎鞠躬尽瘁，死而后已。

◎人生自古谁无死？留取丹心照汗青。

◎世上无难事，只怕有心人。

◎滴水能把石穿透，万事功到自然成。

◎日日行，不怕千万里；常常做，不怕千万事。

◎黑发不知勤学早，白首方悔读书迟。

◎莫等闲，白了少年头，空悲切！

◎盛年不重来，一日难再晨。及时当勉励，岁月不待人。

◎读书不觉已春深，一寸光阴一寸金。

◎博观而约取，厚积而薄发。

◎立志欲坚不欲锐，成功在久不在速。

◎宁可枝头抱香死，何曾吹落北风中。

◎不要因为害怕结束，就拒绝所有的开始。

◎那些杀不死你的，终将使你变得更强大。

◎你若盛开，清风自来。

◎心若向阳，无畏悲伤。

◎人生没有白走的路，每一步都算数。

◎把努力当成一种习惯，而不是一时的热血。

◎比别人多一点执着，你就会创造奇迹。

◎努力到无能为力，拼搏到感动自己。

◎愿你在被打击时，记起你的珍贵，抵抗恶意；愿你在迷茫时，坚信你的珍贵，爱你所爱，行你所行，听从你心，无问西东。

◎不要等待机会，而要创造机会。

◎人生就像一场马拉松，不在乎瞬间的爆发，而取决于途中的坚持。纵有千百个理由放弃，也要给自己找一个坚持下去的理由。

◎梦想，可以天花乱坠；理想，是我们一步一个脚印踩出来的坎坷道路。

◎我不去想是否能够成功，既然选择了远方，便只顾风雨兼程。

◎我们终此一生，就是要摆脱他人的期待，找到真正的自己。

◎生活原本沉闷，可跑起来就有风，心中有梦，脚下就有力量。

◎当你觉得晚了的时候，恰恰是最早的时候。

◎没有不可治愈的伤痛，没有不能结束的沉沦，所有失去的，都会以另一种方式归来。

◎没有一代人的青春是容易的，每一代有每一代的宿命、委屈、挣扎、奋斗，没什么可抱怨的。

◎有些路很远，走下去会很累，可是不走，会后悔。

◎努力最大的意义在于谋求更多的选择权，储蓄更多的安全感，让内心不失控、生活不失序。

◎无论这个世界对你怎样，都请你一如既往地努力、勇敢、充满希望。

◎当才华撑不起野心的时候，就该静下心来学习；当能力驾驭不了目标时，就该沉下心来历练。

◎你要努力成为一个值得别人去爱的人，而不是强求别人喜欢一个糟糕的你。

◎一个人的自愈能力越强，才越有可能接近幸福。

◎生活从来不会辜负一个努力的人。

◎成功的花，人们只惊羡她现时的明艳！然而当初她的芽儿，浸透了奋斗的泪泉，洒遍了牺牲的血雨。

◎如果你希望成功，当以恒心为良友，以经验为参谋，以当心为兄弟，以希望为哨兵。

◎成功的奥秘在于目标的坚定。

◎成功的秘诀，在永不改变既定的目标。

◎成功的关键在于相信自己有成功的能力。

◎成功网罗着大量的过失。

◎成功不需要什么特别的才能，只要把你能做的小事做得好就行了。

◎成功的唯一秘诀——坚持到最后一分钟。

◎知识是从刻苦劳动中得来的，任何成就都是刻苦劳动的结果。

◎形成天才的决定因素应该是勤奋。有几分勤学苦练是成正比例的。

◎天才就是无止境刻苦勤奋的能力。

◎聪明出于勤奋，天才在于积累。

◎勤劳一日，可得一夜安眠；勤劳一生，可得幸福长眠。

◎人的大脑和肢体一样，多用则灵，不用则废。

◎你想成为幸福的人吗？但愿你首先学会吃得起苦。

◎灵感，不过是“顽强地劳动而获得的奖赏”。

◎贵有恒何必三更眠五更起，最无益只怕一日曝十日寒。

◎不经历风雨，怎能见彩虹。

◎天才是百分之一的灵感加百分之九十九的汗水。

◎我从来不曾有过幸运，将来也永远不指望幸运，我的最高原则是：不论对任何困难都决不屈服！

◎故立志者，为学之心也；为学者，立志之事也。

◎贫不足羞，可羞是贫而无志。

◎我们以人们的目的来判断人的活动。目的伟大，活动才可以说是伟大的。

◎生活的理想，就是为了理想的生活。

◎一个人的价值，应该看他贡献什么，而不应当看他取得什么。

◎人只有献身于社会，才能找出那实际上是短暂而有风险的生命的意义。

◎生活真像这杯浓酒，不经三番五次的提炼呵，就不会这样可口！

◎沉沉的黑夜都是白天的前奏。

◎冬天已经到来，春天还会远吗？

◎先相信你自己，然后别人才会相信你。

◎志不强者智不达。

◎丈夫志四海，万里犹比邻。

◎雄心志四海，万里望风尘。

◎天下兴亡，匹夫有责。

◎忧劳可以兴国，逸豫可以亡身。

◎欲穷千里目，更上一层楼。

◎会当凌绝顶，一览众山小。

◎一年之计在于春，一日之计在于晨。

◎生当作人杰，死亦为鬼雄。至今思项羽，不肯过江东。

◎壮心未与年俱老，死去犹能作鬼雄。

◎当你决定灿烂，山无遮，海无拦。

◎每一次努力，都是幸运的伏笔。

◎半山腰总是最挤的，你得去山顶看看。

◎最暗的夜，才会看见最美的星光，人生亦是如此。

◎别让怯弱否定了自己，别让懒惰耽误了青春。

◎梦想不会逃跑，会逃跑的永远都是自己。

◎人格的完善是本，财富的确立是末。

◎锲而舍之，朽木不折；锲而不舍，金石可镂。

◎水滴石穿，非一日之功。

◎一日一钱，千日千钱；绳锯木断，水滴石穿。

◎三军可夺帅也，匹夫不可夺志也。

◎志小则易足，易足则无由进。

◎立志是事业的大门，工作是登门入室的旅程。

◎朝着一定目标走去是“志”，一鼓作气中途绝不停止是“气”，两者合起来就是“志气”。一切事业的成败都取决于此。

◎一个人只要强烈地坚持，不懈地追求，他就能达到目的。

◎只要持续地努力，不懈地奋斗，就没有征服不了的东西。

◎坚韧是成功的一大要素，只要在门上敲得够久、够大声，终会把人唤醒的。

◎只有毅力才会使我们成功，而毅力的来源又在于毫不动摇，坚决采取为达到成功所需要的手段。

◎毅力，是千里大堤一沙一石的凝聚，一点点的累积，才有前不见头后不见尾的壮丽；毅力，是春蚕吐丝一缕一缕的环绕，一丝丝的坚持，才有破茧而出重见光明的辉煌；毅力，是远航的船的帆，有了帆，船才可以到达成功的彼岸。

◎告诉你使我达到目标的奥秘吧，我唯一的力量就是我的坚持精神。

◎即使慢，驰而不息，纵令落后，纵令失败，但一定可以达到所向往的目标。

◎涓滴之水终可以磨损大石，不是由于它力量强大，而是由于昼夜不舍的滴坠。

◎故天将降大任于是人也，必先苦其心志，劳其筋骨，饿其体肤，空乏其身，行拂乱其所为，所以动心忍性，增益其所不能。

◎患难困苦，是磨炼人格的最高学校。

◎逆境给人宝贵的磨炼机会。只有经得起环境考验的人，才能算是真正的强者。自古以来的伟人，大多是抱着不屈不挠的精神，从逆境中挣扎奋斗过来的。

◎每一种挫折或不利的突变，都是带着同样或较大的有利的种子。

◎没有播种，何来收获；没有辛苦，何来成功；没有磨难，何来荣耀；没有挫折，何来辉煌。

◎挫折其实就是迈向成功所应缴的学费。

◎在人生的道路上，谁都会遇到困难和挫折，就看你能不能战胜它。战胜了，你就是英雄，就是生活的强者。

◎成功的人做别人不愿做的事，做别人不敢做的事，做别人做不到的事。

Chapter

02

立业篇

◎立业如登山，一步一个脚印，才能登上成功的巅峰。

◎没有规划的立业，犹如在黑暗中航行，永远找不到正确的方向。

◎立业的道路上，勇气是利刃，能斩断前行的荆棘。

◎每一次挫折都是立业途中的磨刀石，让你变得更加锋利。

◎把握机遇如同抓住流星，一旦错过，可能再难追寻，它是立业成功的关键契机。

◎专注是立业的聚光灯，能将所有精力汇聚，照亮成功之路。

◎立业需像蜜蜂采蜜，不辞辛劳，在点滴积累中酿造甜蜜成果。

◎创新是立业的翅膀，助你在竞争激烈的天空中翱翔。

◎团队协作是立业的交响乐，不同成员的配合才能奏响美妙旋律。

◎诚信是立业的基石，基石稳固，大厦才能屹立不倒。

◎学习是立业的加油站，持续补充知识，才能续航更远。

◎复盘是立业的镜子，照出不足，才能不断完善。

◎自律是立业的缰绳，驾驭好自己，才能稳步前行。

◎忍耐是立业的寒冬，熬过风雪，春天的繁荣便会到来。

◎口碑是立业的名片，好口碑能为你赢得更多机会。

◎谦逊是立业的阶梯，让你不断向上攀登，又不会摔得太惨。

◎时间管理是立业的指挥棒，合理安排，才能高效运作。

◎危机意识是立业的警钟，时刻敲响，提醒你未雨绸缪。

◎执行力是立业的画笔，将蓝图变成现实。

◎领导力是立业的旗帜，引领团队走向胜利。

◎客户至上是立业的指南针，始终指引正确的服务方向。

◎成本控制是立业的管家，精打细算，才能利润最大化。

◎市场调研是立业的侦察兵，了解敌情，方能百战不殆。

◎目标明确是立业的导航仪，精准定位，直达成功彼岸。

◎应变能力是立业的弹簧，能屈能伸，适应变化。

◎激励机制是立业的发动机，激发团队的无限动力。

◎资源整合是立业的拼图，将碎片拼成完整的成功画面。

◎品牌建设是立业的灯塔，照亮市场，吸引客户。

◎技术革新是立业的助推器，加速发展，领先同行。

◎数据分析是立业的显微镜，洞察细节，发现问题。

◎勇于尝试是立业的敲门砖，敲开成功的大门。

◎耐心是立业的酿酒师，时间越久，成果越香醇。

◎人脉积累是立业的存折，存储的关系越多，财富越丰厚。

◎决策果断是立业的剪刀，剪去犹豫，抓住机遇。

◎质量为本是立业的根基，根基扎实，建筑才牢固。

◎创新思维是立业的火种，点燃发展的新希望。

◎坚持到底是立业的马拉松精神，跑到终点，就是胜利。

◎善于倾听是立业的顺风耳，听到客户和团队的声音。

◎敢于担当是立业的脊梁，撑起事业的天空。

◎合作共赢是立业的桥梁，连接彼此，共同前行。

◎信息畅通是立业的高速公路，加速发展，减少阻碍。

◎合理授权是立业的分权术，让团队各展其长。

◎持续改进是立业的升级系统，不断优化，提升竞争力。

◎自我提升是立业的成长密码，解锁更多可能。

◎行业洞察是立业的望远镜，看清趋势，提前布局。

◎灵活变通是立业的方向盘，适应路况，调整方向。

◎价值创造是立业的源泉，有价值，才有立足之地。

◎财务稳健是立业的盾牌，抵御风险，保障发展。

◎文化塑造是立业的灵魂，赋予事业独特魅力。

◎逆境突破是立业的重生，浴火凤凰，更加辉煌。

◎目标分解是立业的阶梯，一步一步，迈向成功。

◎优势互补是立业的拼图组合，发挥各方长处。

◎沟通技巧是立业的润滑剂，减少摩擦，顺畅交流。

◎经验传承是立业的接力棒，一代一代，延续辉煌。

◎市场拓展是立业的扩张版图，开拓新领域，增加收益。

◎人才培养是立业的造血机制，为事业注入新鲜血液。

◎快速响应是立业的急救车，及时解决问题，挽回损失。

◎流程优化是立业的高效通道，提高效率，降低成本。

◎战略眼光是立业的地图，规划长远，指引方向。

◎资源节约是立业的美德，合理利用，可持续发展。

◎精准营销是立业的狙击枪，直击目标客户。

◎细节服务是立业的绣花针，绣出客户满意度。

◎品牌传播是立业的扩音器，让更多人听到你的声音。

◎风险管理是立业的安全网，预防和应对风险。

◎学习借鉴是立业的捷径，吸收他人经验，少走弯路。

◎心态平和是立业的定海神针，面对起伏，保持稳定。

◎任何业绩的质变都来自量变的积累。

◎自我反思是立业的清洁剂，清除自身不足。

◎合作默契是立业的双人舞，配合无间，共舞成功。

◎目标导向是立业的灯塔之光，始终照亮前行的路。

◎高效执行是立业的加速器，快速将计划变为现实。

◎善于学习他人长处是立业的吸星大法，不断强大自己。

◎把握行业趋势是立业的顺风船，借势而上，事半功倍。

◎解决问题能力是立业的万能钥匙，打开成功之门。

◎团队凝聚力是立业的胶水，将团队紧紧黏合。

◎创新驱动发展是立业的新引擎，带来持续动力。

◎建立良好关系网络是立业的社交圈，助力事业腾飞。

◎坚守初心是立业的北极星，使你在纷繁中不迷失方向。

◎快速适应变化是立业的变色龙，让你融入环境，求得生存。

◎发挥自身优势是立业的宝剑，披荆斩棘。

◎勇于突破传统是立业的破冰船，开辟新航道。

◎制定清晰策略是立业的作战计划，有备无患。

◎培养核心竞争力是立业的护城河，抵御竞争。

◎追求卓越品质是立业的金字招牌，赢得信誉。

◎积累行业经验是立业的财富库，越积越丰厚。

◎注重用户体验是立业的试金石，检验产品好坏。

◎优化资源配置是立业的智慧，物尽其用。

◎打造独特卖点是立业的闪光点，吸引客户目光。

◎善于把握时机是立业的神射手，一击即中。

◎提升服务水平是立业的加分项，赢得客户芳心。

◎建立信任关系是立业的基石，稳固合作根基。

◎拓展业务渠道是立业的多条腿走路，增加收入来源。

◎创新商业模式是立业的新玩法，引领市场潮流。

◎强化品牌形象是立业的包装，提升品牌价值。

◎重视人才选拔是立业的选将之道，组建精英团队。

◎完善管理体系是立业的制度保障，规范运作。

◎培养创新文化是立业的土壤，孕育创新之花。

◎提高决策效率是立业的加速器，抓住机遇不迟疑。

◎加强团队协作训练是立业的磨合剂，提升团队默契。

◎建立战略合作伙伴关系是立业的同盟，强强联合。

◎推动技术创新是立业的新动力，引领行业发展。

◎优化企业流程是立业的提速器，提高运营效率。

◎关注客户反馈是立业的镜子，照出自身不足。

◎塑造企业价值观是立业的灵魂支柱，凝聚团队。

◎开展市场推广活动是立业的宣传号角，扩大影响力。

◎加强知识产权保护是立业的盾牌，保护创新成果。

◎提升员工素质是立业的升级行动，增强团队实力。

◎建立客户忠诚度是立业的长久之计，稳定客户群体。

◎进行市场细分是立业的精准定位，找到目标客户。

◎探索新业务领域是立业的冒险之旅，开拓新市场。

◎优化营销策略是立业的营销升级，提高市场占有率。

◎建立完善的供应链体系是立业的后勤保障，确保物资供应。

◎推动企业数字化转型是立业的时代步伐，跟上科技潮流。

◎加强企业文化建设是立业的精神家园，增强员工归属感。

◎培养员工的创新能力是立业的潜力挖掘，激发团队活力。

◎制定合理的薪酬体系是立业的激励机制，留住优秀人才。

◎开展员工培训计划是立业的成长投资，提升员工能力。

◎建立良好的企业形象是立业的名片，提升企业声誉。

◎加强企业社会责任意识是立业的担当，赢得社会认可。

◎推动行业交流合作是立业的桥梁搭建，促进共同发展。

◎优化企业组织架构是立业的骨骼调整，提高运营效率。

◎培养员工的团队精神是立业的黏合剂，增强团队凝聚力。

◎建立科学的决策机制是立业的智慧大脑，做出正确决策。

◎开展项目管理是立业的任务推进，确保项目顺利完成。

◎提升企业的核心竞争力是立业的关键，在竞争中脱颖而出。

◎加强企业信息化建设是立业的科技武装，提升管理水平。

◎建立客户关系管理系统是立业的客户维护，提升客户满意度。

◎推动产品创新升级是立业的产品进化，满足市场需求。

◎培养员工的责任心是立业的责任担当，提高工作质量。

◎建立企业战略联盟是立业的联合舰队，共同应对竞争。

◎开展市场调研分析是立业的情报收集，了解市场动态。

◎优化企业成本结构是立业的省钱之道，提高盈利能力。

◎加强企业品牌传播力度是立业的宣传推广，扩大品牌知名度。

◎培养员工的学习能力是立业的成长动力，适应企业发展。

◎建立高效的沟通机制是立业的信息桥梁，确保信息畅通。

◎推动企业绿色发展是立业的环保理念，实现可持续发展。

◎开展员工激励活动是立业的动力激发，提升员工积极性。

◎建立企业知识库是立业的知识宝库，传承企业经验。

◎加强企业风险管理能力是立业的安全保障，应对各种风险。

◎培养员工的创新思维是立业的创意源泉，推动企业创新。

◎建立企业内部培训体系是立业的人才培养摇篮，提升员工素质。

◎推动企业国际化发展是立业的全球视野，拓展国际市场。

◎优化企业服务流程是立业的服务优化，提升客户体验。

◎加强企业与高校、科研机构合作是立业的智力支持，促进技术创新。

◎培养员工的执行力是立业的行动保障，确保工作落实。

◎建立企业品牌故事是立业的品牌文化，增强品牌感染力。

◎开展企业营销活动策划是立业的营销创意，吸引客户关注。

◎加强企业的数据分析能力是立业的精准决策，依据数据行动。

◎培养员工的团队协作精神是立业的团队力量，提升团队效率。

◎建立企业的危机应对机制是立业的应急保障，应对突发危机。

◎推动企业的文化创新是立业的文化活力，适应时代发展。

◎人生的道路上，我们要学会与他人合作，这样才能发挥出更大的力量，实现共同的目标。

◎人生的幸福在于拥有一份自己热爱的事业，并且能够为之努力奋斗。

◎伟大的事业，需要决心、能力、组织和责任感。

◎事业常成于坚忍，毁于急躁。

Chapter

03

修心篇

◎人生如一场漫长的修行，我们要在修行中不断地磨砺自己，提高自己的品德和修养，成为一个更好的人。

◎人生就像一场戏，我们既要演好自己的角色，也要学会欣赏他人的表演，这样才能共同演绎出一场精彩的人生大戏。

◎人生的道路上，我们要学会适应变化，因为世界在不断地变化，只有适应变化，我们才能跟上时代的步伐，不被淘汰。

◎人生如一本精彩的书，每一页都记载着我们的经历和故事，我们要用心去书写这本书，让它成为一部值得回味的经典。

◎人生的意义在于追求内心的平静和满足，当我们放下对外在物质的追求，回归内心，关注自己的精神世界时，才能真正找到人生的幸福。

◎人生的道路上，我们要学会感恩生活中的一切，无论是顺境还是逆境，它们都是我们人生的宝贵财富，都能让我们成长和进步。

◎人生的幸福来自内心的善良和宽容，当我们用善良和宽容去对待他人时，我们也会收获他人的尊重和爱，让自己的内心充满幸福。

◎人生的幸福在于拥有自己的兴趣爱好，它们能让我们在闲暇时光中找到乐趣，丰富我们的精神生活，让我们的人生更加充实。

◎人生如一首优美的诗歌，我们要用自己的情感和智慧去谱写诗句，用细腻的笔触描绘出人生的美好，让诗歌充满感染力。

◎人生的道路虽然漫长，但紧要处常常只有几步，特别是当人年轻的时候。

◎人生在世，应该这样，在芬芳别人的同时美丽自己。

◎人生就像一杯茶，不会苦一辈子，但总会苦一阵子。

◎人生的价值，并不是用时间，而是用深度去衡量的。

◎人生如棋，落子无悔。

◎人生的旅途中，最清晰的脚印，往往印在最泥泞的路上。

◎人生的意义不在于拿一手好牌，而在于打好一手坏牌。

◎真正的朋友，是一个灵魂孕育在两个躯体里。

◎朋友是人生路上最美丽的景色，友谊是彼此相连的心弦。

◎人生得一知己足矣，斯世当以同怀视之。

◎与善人居，如入芝兰之室，久而不闻其香，即与之化矣；与不善人居，如入鲍鱼之肆，久而不闻其臭，亦与之化矣。

◎一个人不应该以自己的经验和观点去影响另一个人，何况他不是你，你也不是他。每一个人成长的过程都不一样，人生的酸甜苦辣应当自己尝一尝，尝试才是人生。

◎人生如同故事，重要的并不在有多长，而是在有多好。

◎真正的朋友，是在你身处困境时，依然愿意伸出援手，与你并肩面对风雨的人。

◎人生的道路上，家人是我们永远的避风港，他们的爱如同温暖的阳光，照亮我们前行的路。

◎学会倾听他人的心声，是建立良好人际关系的基石，也是人生中重要的一课。

◎人生短暂，不要让琐碎的矛盾和误解破坏了珍贵的人际关系，学会宽容和谅解，方能收获更多的幸福。

◎人生中，遇到一个能懂你、知你、信你的知己，是可遇而不可求的幸运。

◎家人的支持和鼓励，是我们在人生道路上勇往直前的动力源泉。

◎与人相处时，真诚是最有力的武器，它能打破隔阂，让彼此的心灵靠得更近。

◎人生的旅程中，我们会遇到许多过客，但那些留下深刻印记的人，会成为我们人生故事中重要的篇章。

◎懂得感恩身边的人，是一种美德，也是让人生更加美好的秘诀。

◎在人生的长河中，与人为善，广结善缘，你会发现周围的世界变得更加美好。

◎人生如棋，与人相处就像下棋，需要懂得进退和取舍，才能赢得和谐的人际关系。

◎家人的唠叨，看似琐碎，实则蕴含着无尽的关爱，是人生中最温暖的声音。

◎用一颗真诚的心去对待他人，你会收获同样真挚的情谊，让人生充满温情。

◎人生的意义不仅在于实现自己的梦想，还在于与身边的人共同创造美好的回忆。

◎与人交往时，要学会换位思考，理解他人的立场和感受，这样才能建立起深厚的人际关系。

◎学会包容他人的缺点，是一种豁达的人生态度，也能让你的人际关系更加融洽。

◎真正的友谊是经得起时间考验的，无论人生如何变迁，那份情谊始终如一。

◎懂得尊重他人，是建立良好人际关系的前提，也是一个人有修养的体现。

◎人生中，要学会感恩那些曾经帮助过你的人，他们是你人生中的贵人。

◎与人为善，就是与己为善，在帮助他人的同时，也能让自己的人生更加充实和有意义。

◎真诚是打开人际关系大门的钥匙，只有用真诚才能换来他人的真心相待。

◎学会欣赏他人的优点，能让我们从他人身上学到更多，也能让人际关系更加和谐。

◎用宽容和善良去对待他人，你会发现人生中充满了美好的惊喜。

◎真正的朋友，是在你成功时为你欢呼，在你失败时不离不弃的人。

◎人生的意义在于与他人建立深厚的情感联系，让彼此的生命相互影响，共同成长。

◎用一颗平常心去对待人际关系中的得失，你会发现人生更加轻松自在。

◎懂得关心他人，是一种善良的表现，也能让我们在人生中收获更多的友谊。

◎人生中，要学会尊重他人的选择，这样才能建立起相互信任和理解的人际关系。

◎珍惜那些在你人生中给予过批评和建议的人，他们是真正关心你成长的人。

◎学会与他人分享自己的经验和知识，能让我们在人生中不断进步，同时也能帮助他人。

◎人生中，与他人建立良好的人际关系，需要我们付出真心和努力，用心去经营。

◎朋友之间的深厚情谊，是在岁月的磨砺中逐渐形成的，它经得起时间的考验。

◎人生的意义在于为他人带来快乐和帮助，在奉献中实现自己的价值，同时收获美好的人际关系。

◎用理智和冷静去处理人际关系中的矛盾，你会发现问题往往能够迎刃而解。

◎人生中，与他人建立深厚的友谊，需要我们用心去感受对方的需求，给予其关心和帮助。

◎朋友之间的相互理解，是友谊长久的关键，能让彼此在人生的道路上更加包容。

◎学会在人际关系中表达自己的情感，让对方了解你的想法和感受，能让关系更加亲密。

◎真正的朋友，是在你迷茫时为你指点迷津，在你困惑时为你解答疑惑的人。

◎人生的意义在于不断地与他人建立联系，丰富自己的情感世界，让人生变得更加有意义。

◎用宽容和豁达的心态去对待人际关系中的不如意，你会发现人生其实很美好。

◎真诚地赞美他人，能让对方感到快乐和自信，也能让自己在人际关系中更加受欢迎。

◎懂得在人际关系中换位思考，能让我们更好地理解他人，避免不必要的矛盾和冲突。

◎人生中，要学会感恩那些陪伴我们成长的人，他们的存在让我们的人生变得更加丰富和充实。

◎学会在人际关系中保持谦逊，尊重他人的意见和想法，能让我们赢得更多的尊重和友谊。

◎人生的道路上，我们要学会与他人相互扶持，共同成长，让人生变得更加美好和有意义。

◎理解是心灵的桥梁，包容是关系的润滑剂。

◎真诚的倾听比华丽的言辞更能打动人心。

◎信任是慢慢累积的珍珠，猜疑是瞬间破碎的玻璃。

◎赞美是人际关系的阳光，批评需包裹善意的糖衣。

◎冲突是关系的试金石，化解是智慧的结晶。

◎同理心是连接彼此的隐形丝线。

◎信任像瓷器，碎了即使黏合也会有裂痕。

◎适时沉默比急于辩解更能赢得尊重。

◎赞美要具体，批评要委婉，这是关系的保鲜剂。

◎社交圈的质量比数量更重要，如同良田胜荒草。

◎学会拒绝是对自己的慈悲，也是对他人的诚实。

◎人脉的本质是价值交换，先修炼内功再广结善缘。

◎人生的裂缝，正是光照进来的地方。

◎暴雨后的泥土，会开出更鲜艳的花朵。

◎人际的裂痕需要理解来填补，人生的沟壑需要坚持来跨越。

◎孤独时的自我对话，往往藏着突破。

◎人生如棋局，逆境是对手给的破绽。

◎真正的成熟是在看清生活真相后依然热爱它。

◎时间是最好的过滤器，留下的都是真心。

◎抱怨是最无效的情绪，不如把它转化为改变的动力。

◎行动是治愈焦虑的良药，犹豫只会滋生恐惧。

◎人际关系需要经营，但不必刻意讨好。

◎真正的成长是在没有人鼓掌时依然坚持。

◎真正的爱不是相互凝视，而是一起望向相同的方向。

◎孤独是灵魂的盛宴，学会享受它。

◎学会感恩，会发现生活处处是馈赠。

◎人生就像心电图，一帆风顺说明你已停止跳动。

◎水低成海，人低成王，谦逊是最高的智慧。

◎种一棵树最好的时间是十年前，其次是现在。

◎不要为打翻的牛奶哭泣，但要记得下次小心。

◎所有失去的，都会以另一种方式归来。

◎世界以痛吻我，要我报之以歌。

◎你是谁，就会遇见谁，人际关系是内心的镜子。

◎制定小目标，一步步走出困境。

◎帮助他人能获得价值感，走出自我局限。

◎失败后的自我安慰，比成功后的庆祝更重要。

◎真正的成熟，是既能享受热闹，也能拥抱孤独。

◎生活不是战场，无须与他人一较高下。

◎时间不会偏爱谁，但会眷顾用心生活的人。

◎人际关系的本质，是互相照亮而非彼此消耗。

◎真正的自由，是学会与不完美和平共处。

◎抱怨像病毒，会传染给最亲近的人。

◎学会说“不”，是对自己和他人的尊重。

◎家庭不是讲理的地方，是讲爱的港湾。

◎适度的留白，能让生活更有呼吸感。

◎把期待值调低，生活处处是惊喜。

◎阅读是随身携带的避难所，也是照亮前路的灯塔。

◎别让“应该”绑架了你的人生选择。

◎倾听比倾诉更难，却能拉近心的距离。

◎节日的意义，在于提醒我们停下脚步表达爱。

◎学会独处的人，才能真正享受独居的乐趣。

◎真正的自信，不需要他人的掌声来证明。

◎道歉不是认输，而是给关系续杯的勇气。

◎过度追求完美，只会让生活变得不完美。

◎把“必须”换成“可以”，生活会轻松很多。

◎真正的友谊，经得起时间和空间的考验。

◎过度解释，反而会让真相变得模糊不清。

◎学会拒绝无效社交，是成年人的必修课。

◎真正的成熟，是学会与生活和解。

◎沟通的关键，在于先处理情绪再处理问题。

◎过度追求效率，反而会让生活失去温度。

◎真正的自由，是既能享受群居的热闹，也能拥抱独处的安宁。

◎旅行的意义，在于让我们看见世界的辽阔，从而懂得自己的渺小。

◎把“我必须”换成“我选择”，生活会变得更有掌控感。

◎心宽一寸，路宽一丈。

◎越简单，越幸福。

◎改变能改变的，接受不能改变的。

◎焦虑源于想太多，行动治愈迷茫。

◎看不开是劫，想开了是福。

◎心有猛虎，细嗅蔷薇。

◎生气是拿别人的错误惩罚自己。

◎微笑是最好的护肤品。

◎把委屈化作养分，把怨恨酿成慈悲。

◎急事慢说，大事静说。

◎沉默是金，止语是修行。

◎嫉妒是自己的牢笼。

◎原谅别人，放过自己。

◎读书是最便宜的整容术。

◎行动是治愈恐惧的良药。

◎让人舒服，是顶级的情商。

◎嘴下留情，脚下有路。

◎尊重不同，求同存异。

◎欣赏别人是格局，否定别人是局限。

◎说话留三分，日后好相见。

◎知足者常乐，贪心者常忧。

◎睡前原谅一切，醒来便是新生。

◎得意时看淡，失意时看开。

◎有些事，放下就是赢。

◎眼界决定境界，格局决定结局。

◎大智若愚，大巧若拙。

◎海纳百川，有容乃大。

◎宰相肚里能撑船。

◎将军赶路，不追小兔。

◎成大事者，不拘小节。

◎谋大事者，首重格局。

◎心之所向，素履以往。

◎念念不忘，必有回响。

◎相信相信的力量。

◎爱笑的人，运气不会太差。

◎办法总比困难多。

◎换个角度看问题，烦恼变机遇。

◎境由心造，相由心生。

◎一念天堂，一念地狱。

◎积极的人像太阳，照到哪里哪里亮。

◎命里有时终须有，命里无时莫强求。

◎执念是牢笼，放下即自由。

◎学会断舍离，人生更轻盈。

◎感恩生命中的每一份遇见。

◎感谢伤害你的人，因为他教会你成长。

◎感谢绊倒你的人，因为他强化你的双腿。

◎感谢欺骗你的人，因为他增进你的智慧。

◎感谢遗弃你的人，因为他教导你独立。

◎感恩是心灵的彩虹。

◎滴水之恩，涌泉相报。

◎吃水不忘挖井人。

◎知恩图报，善莫大焉。

◎静坐常思己过，闲谈莫论人非。

◎忍一时风平浪静，退一步海阔天空。

◎幸福不是拥有得多，而是计较得少。

◎心有阳光，无惧风霜。

◎眼里藏星河，脚下生远方。

◎认知突围，方能破局。

◎你看到的世界，是心的投影。

◎成长就是不断刷新认知边界。

◎换个视角，困境即转机。

◎生气时的沉默，胜过万句争吵。

◎情绪是水，宜疏不宜堵。

◎学会与焦虑和平共处。

◎大喜易失言，大怒易失德。

◎悲伤是心灵的雨季，总会过去。

◎控制情绪的人，才能掌控人生。

◎舒适区是温柔的牢笼。

◎成长的痛，是蜕变的勋章。

◎改变，从微小的行动开始。

◎锋芒藏三分，留得余地宽。

◎真话不全说，假话全不说。

◎知世故而不世故，历圆滑而弥天真。

◎救人一命，胜造七级浮屠。

◎不轻易评判他人，是顶级修养。

◎看破不说破，是处世的智慧。

◎吃亏是福，让利是德。

◎把日子过成减法题。

◎粗茶淡饭养脾胃，心平气和养精神。

◎睡前清零，晨起重启。

◎花开自有期，不必太着急。

◎大格局者，不计较一城一池的得失。

◎风物长宜放眼量。

◎站在山顶，才不会被山脚的石头绊倒。

◎格局决定结局，态度决定高度。

◎相信的力量，足以移山填海。

◎心向光明，黑暗自散。

◎没有绝对的好坏，只有不同的视角。

◎抱怨不如改变，空想不如行动。

◎你选择的世界，决定你的人生。

◎心中有光，何惧夜长。

◎乐观是心灵的防晒霜。

◎拿得起是能力，放得下是智慧。

◎过去的事，交给时间去处理。

◎得不到的，未必是最好的。

◎感恩生命中的每一场遇见。

◎拥有时不珍惜，失去时徒伤悲。

◎生活的美，藏在细微处。

◎一屋两人三餐四季，最是人间烟火气。

◎若无闲事挂心头，便是人间好时节。

◎当局者迷，旁观者清。

◎塞翁失马，焉知非福。

◎心若向阳无畏悲伤，眼含星辰自见远方。

◎胸藏丘壑天地自宽，腹有诗书气宇轩昂。

◎坐观云起宠辱不惊，笑看花开去留无意。

◎风来疏竹风过竹静，雁渡寒潭雁去潭清。

◎水流任急境常静远，花落虽频心自安然。

◎竹影扫阶尘不动摇，月穿潭底水无痕消。

◎宠辱皆忘把酒临风，去留无意闲看云涌。

◎宠辱不惊闲看庭前花开花落，去留无意漫随天外云卷云舒。

◎怒发冲冠难平心头之愤，静气沉心方解眉间之尘。

◎大悲无泪大悟无言，大喜无声大智若愚。

◎牢骚太盛防肠断，风物长宜放眼量。

◎喜时之言多失信，怒时之言多失人。

◎得意莫忘形，失意莫失志。

◎荣辱常变境，得失皆浮云。

◎烦恼如丝剪不断，心若止水自澄明。

◎一笑解千愁，一静消万忧。

◎是非成败转头空。青山依旧在，几度夕阳红。

◎一壶浊酒喜相逢。古今多少事，都付笑谈中。

◎怒发冲冠不如一笑而过，心烦意乱不如静听松涛。

◎焦虑上头时深呼吸三秒，emo 泛滥时抬头看飞鸟。

◎大喜易失言慎言为先，大怒易失德制怒为要。

◎抱怨是人生的负能量，微笑是生活的万能胶。

◎情绪是心魔需自降伏，脾气是利刃要懂收敛。

◎别让嫉妒偷走你的快乐，莫让怨恨侵蚀你的灵魂。

◎心平气和百病不侵，心浮气躁万事难成。

◎枪打出头鸟别太锋芒，刀砍地头蛇学会躲藏。

◎树大招风低调为妙，人怕出名内敛最好。

◎近朱者赤近墨者黑，见贤思齐见不贤自省。

◎不以物喜不以己悲，宠辱不惊去留无意。

◎将军赶路不追小兔，宰相肚里能撑巨轮。

◎风物长宜放眼量，格局打开天地宽。

◎言者无罪闻者足戒，有则改之无则加勉。

◎良药苦口利于病，忠言逆耳利于行。

◎粉骨碎身浑不怕，要留清白在人间。不要人夸好颜色，只留清气满乾坤。

◎春有百花秋有月，夏有凉风冬有雪。若无闲事挂心头，便是人间好时节。

◎良药苦口利于病，忠言逆耳利于行。路遥知马力，日久见人心。

◎弱国无外交，弱者无社交。

◎朋友是阶段性的，圈子是流动性的。

◎社交圈越大越孤独，真心人越少越珍贵。

◎躺平不如破茧成蝶，内卷不如破局而生。

◎格局打开烦恼清零，境界提升万事顺意。

◎孤独是种修行，独处方能觉醒。

◎慢煮岁月待花开，静待时光酿精彩。

◎蕉绿终会成香蕉，焦虑到头是逍遥。

◎焦虑如蕉终会黄，耐心以待自然甜。

◎心有阳光不惧黑暗，胸有丘壑何惧风霜。

◎一个能从别人的观念来看事情，能了解别人心灵活动的人永远不必为自己的前途担心。

◎回避现实的人，未来将更不理想。

◎先知三日，富贵十年。

◎信念最好能由经验和明确的思想来支持。

◎一个人的信仰或许可以被查明，但不是从他的信条中，而是从他惯常行为所遵循的原则中。

◎信仰是精神的劳动；动物是没有信仰的，野蛮人和原始人有的只是恐怖和疑惑。

◎信仰，是人们所必需的。什么也不信的人不会有幸福。

◎细节的实质是认真的态度和科学的精神。

◎认真做事只是把事情做对，用心做事才能把事情做好。

◎使人疲惫不堪的不是远方的高山，而是鞋里的一粒沙子。

◎要想比别人更优秀，只有在每一件小事上下功夫。

◎简单的招式练到极致就是绝招。

◎细节体现艺术，也只有细节的表现力最强。

◎不放过任何细节。

◎成功源于细节，细节决定成败。

◎细节承载着社会的文明。

◎细节的变化，更能体现观念上的更新和进步。

◎做事不贪大，做人不计小。

◎奥秘全在细微处。

◎于细微处见精神，于细微处也见品德。小事小节是一面镜子，能够反映人品，反映作风。

◎考虑到细节、注重细节的人，不仅认真对待工作，将小事做细，而且会注重在做事的细节中找到机会，从而使自己走向成功之路。

◎人生是一匹马，轻快而健壮的马，人要像骑手那样大胆而细心地驾驭它。

◎当你为错过太阳而哭泣的时候，你也要再错过群星了。

◎成功的最佳捷径是让人们清楚地知道，你的成功符合他们的利益。

◎如烟往事俱忘却，心底无私天地宽。

◎常求有利别人，不求有利自己。

◎君子喻于义，小人喻于利。

◎不戚戚于贫贱，不汲汲于富贵。

◎不积跬步，无以至千里；不积小流，无以成江海。

◎合抱之木，生于毫末；九层之台，起于累土；千里之行，始于足下。

◎积土而为山，积水而为海。

◎博学之，审问之，慎思之，明辨之，笃行之。

◎非淡泊无以明志，非宁静无以致远。

◎时人不识凌云木，直待凌云始道高。

◎细节决定成败，态度决定一切。

◎小事成就大事，细节成就完美。

◎关注细节，成就大事。

◎成大业若烹小鲜，做大事必重细节。

◎把细节做好，把平凡的事做得不平凡，就是成功。

◎人生中最永恒的幸福就是平凡，最长久的拥有就是珍惜。

◎人生的磨难是很多的，所以我们不可对于每一件轻微的伤害都过于敏感。在生活磨难面前，精神上的坚强是我们抵抗罪恶和人生意外的最好武器。

◎人生是一场负重的狂奔，需要不停地在每一个岔路口做出选择。而每一个选择，都将通往另一条截然不同的命运之路。

◎人生如逆旅，我亦是行人。

◎人生一征途耳，其长百年，我已走过十之七八。回首前尘，历历在目。崎岖多于平坦，忽深谷，忽洪涛，幸赖桥梁以渡。桥何名欤？曰奋斗。

◎人生的一切变化，一切魅力，一切美都是由光明和阴影构成的。

◎人生在世，行路匆匆，擦肩而过，总会相逢。相逢是缘，相识是缘，相知亦是缘。可缘来如梦，缘去如风。

◎人生的快乐和幸福不在金钱，不在爱情，而在真理。

◎人生如一本厚重的书，有些书是没有主角的，因为我们忽视了自我；有些书是没有线索的，因为我们迷失了自我；有些书是没有内容的，因为我们埋没了自我。

◎人生就像一场梦，梦醒了，一切都结束了。所以要珍惜当下，让自己的人生更加精彩。

◎人生如一场盛大的舞会，我们每个人都是舞者，在音乐的节奏中跳出自己的舞步。

◎人生是一首优美的旋律，我们要用自己的经历去谱写它的乐章。

◎人生就像一杯酒，越陈越香。经历的事情越多，人生就越有韵味。

◎人生是一场修行，我们要在修行中不断地完善自己，提高自己的境界。

◎人生如同一幅拼图，我们需要将每一块碎片拼凑起来，才能看到完整的画面。

◎人生的幸福来自内心的充实和满足，而不是外在的虚荣和攀比。

◎人生如一首诗，需要我们用心去品味，才能体会到其中的韵味和意境。

◎人生就像一场旅行，我们要学会享受旅行的过程，而不是只关注目的地。

◎人生的意义在于体验和感受，我们要用心去感受生活中的点点滴滴，才能真正领悟到人生的真谛。

◎人生的价值在于拥有一颗善良的心，能够关心他人、帮助他人。

◎人生的幸福来自内心的平静和安宁，我们要学会放下烦恼和忧虑，让自己的心灵得到解脱。

◎人生的幸福来自内心的宁静和满足，而不是外在的功名利禄。

◎人生的价值在于奉献，而不在于索取。

◎人生的道路上，我们要学会宽容和理解，这样才能与他人和谐相处，建立良好的人际关系。

◎人生的道路上，我们要学会放下过去的错误和遗憾，轻装上阵，迎接新的开始。

◎人生就像一场游戏，我们要学会享受游戏的过程，不要过于在意结果，只要我们努力了，就没有遗憾。

◎人生的幸福在于拥有健康的身体和良好的心态，我们要注重锻炼身体，保持积极乐观的心态，这样才能享受美好的人生。

◎人生是一场充满爱与温暖的旅程，我们要学会给予爱，传递温暖，让世界充满爱。

◎人生的道路上，我们要学会尊重他人，尊重他人的选择和生活方式，这样才能赢得他人的尊重和信任。

◎人生是一场充满奇迹和惊喜的旅程，只要我们保持一颗敏锐的心，善于发现生活中的美好，就会发现奇迹无处不在。

◎人生如一首激昂的乐章，有高潮也有低谷，我们要学会在高潮中保持清醒，在低谷中保持坚强，用坚定的信念奏响人生的旋律。

◎理想的人物不仅要在物质需要的满足上，还要在精神志趣的满足上得到表现。

◎一个能思想的人，才真是一个力量无边的人。

Chapter

04

生活篇

◎人生的幸福在于拥有真挚的友谊。朋友是我们人生中最宝贵的财富，他们能在我们需要帮助的时候伸出援手，在我们孤独的时候陪伴我们。

◎人生的幸福在于拥有一个温馨的家庭。家人是我们最坚实的后盾，他们的爱和支持能让我们在人生的道路上勇往直前。

◎人生就像一场旅行，我们要学会从不同的角度去欣赏风景，这样才能看到更多的美丽，收获更多的感悟。

◎人生如一幅绚丽的画卷，我们要用自己的努力和汗水去描绘出一幅充满生机和活力的画面，展现出自己的人生价值。

◎人生就像一场游戏，我们要遵守游戏规则，同时也要发挥自己的创造力和想象力，让游戏变得更加有趣和富有挑战性。

◎人生就像一场旅行，我们要学会享受孤独，在孤独中思考，在孤独中成长，让孤独成为我们人生中的一种财富。

◎人生就像一场旅行，途中会遇到形形色色的人，而那些能与你携手同行的伙伴，是旅途中最珍贵的风景。

◎人生如戏，而身边的人就是这场戏的配角和观众，他们的存在让我们的人生更加丰富多彩。

◎一个微笑，一句问候，便能拉近人与人之间的距离，让人生充满温暖。

◎在人生的舞台上，懂得与他人合作，才能跳出更绚丽的舞蹈，收获更丰硕的成果。

◎朋友是人生路上的明灯，为你照亮黑暗，指引方向，让你不再迷茫。

◎良好的人际关系如同肥沃的土壤，能让人生的花朵绽放得更加绚烂多彩。

◎人生就像一幅拼图，每个人都是其中的一块，只有相互配合，才能拼凑出完整而美丽的画面。

◎珍惜身边那些默默陪伴你的人，他们是你人生中最宝贵的财富。

◎学会赞美他人，能让对方感受到温暖和认可，也能让自己的人生充满善意。

◎良好的沟通是连接人与人之间心灵的桥梁，能让你的人生道路走得更加顺畅。

◎朋友之间的默契，是在长期的相处中逐渐培养起来的，它让彼此的人生多了一份不言而喻的美好。

◎人生中，能够遇到一位良师益友，是人生的一大幸事，他能带你走向更广阔的天地。

◎朋友是人生中的调味剂，能为平淡的生活增添酸甜苦辣，让人生更加有滋有味。

◎人生路上，我们要学会与不同性格的人相处，这是一种智慧，也是一种成长。

◎珍惜与家人在一起的时光，因为他们是你人生中最无法割舍的一部分。

◎一个人的力量是有限的，而良好的人际关系能汇聚众人的力量，帮助我们在人生道路上走得更远。

◎人生中，有些缘分是注定的，无论是亲情、友情还是爱情，都值得我们用心去珍惜。

◎真诚待人，用心交友，你会发现人生处处充满阳光和温暖。

◎人生就像一场马拉松，在这个过程中，与你一起奔跑的伙伴能给予你坚持下去的力量。

◎家人是人生的根基，他们的爱如大地般坚实，支撑着我们走过人生的风风雨雨。

◎人生中，与他人的每一次相遇都是一次难得的机会，要学会从他人身上汲取智慧和力量。

◎用微笑和善意去面对身边的人，你会收获一个充满爱的人生。

◎人生的道路上，我们会遇到各种挑战，而朋友的鼓励和支持能让我们更有勇气去面对。

◎良好的人际关系能为人生创造更多的机会，让我们的人生之路越走越宽。

◎人生如一本书，而身边的人就是书中的故事，他们丰富了我们的人生阅历。

◎朋友之间的相互信任，是友谊的基石，能让彼此在人生的道路上更加坚定地前行。

◎人生就像一场舞会，我们要学会与不同的人共舞，才能跳出精彩的人生舞步。

◎家人的陪伴是人生中最温暖的港湾，无论我们走多远，都能找到回家的路。

◎人生中，遇到志同道合的人，要珍惜彼此的缘分，共同追求梦想，让人生更加精彩。

◎学会倾听他人的故事，你会发现每个人的人生都有值得学习和借鉴的地方。

◎人生的旅程中，朋友是我们可以倾诉心事的对象，他们的理解和安慰能让我们感到无比温暖。

◎人生如一首乐章，而人与人之间的和谐相处就是这首乐章中最美妙的音符。

◎珍惜每一个与他人相遇的瞬间，因为这些瞬间可能会成为人生中最美好的回忆。

◎良好的人际关系能让我们在人生的道路上不再孤

单，有人与我们分享喜悦，分担痛苦。

◎朋友是人生路上的同行者，他们的存在让我们的人生旅途不再寂寞，充满乐趣。

◎人生就像一场冒险，而身边的人就是我们的队友，与他们携手共进，才能战胜各种困难。

◎家人的爱如同空气，虽然无形，却无处不在，支撑着我们走过人生的每一个阶段。

◎人生中，能够拥有几个可以无话不谈的朋友，是一种莫大的幸福。

◎人生的道路上，我们要学会与他人建立良好的合作关系，共同实现目标。

◎朋友之间的互相鼓励，能让我们在人生的低谷中重新振作起来，勇往直前。

◎人生如一幅画，而人际关系就是这幅画中的色彩，它们让人生变得绚丽多姿。

◎珍惜那些在你人生中默默付出的人，他们的爱是无私的，也是最珍贵的。

◎学会与他人和谐共处，是人生的一门必修课，它能让我们的生活更加安宁和美好。

◎与他人的每一次交流都是一次思想的碰撞，能让我们开阔眼界，丰富人生。

◎人生就像一条河流，而身边的人就是河中的船只，他们与我们一起前行，共同经历风雨。

◎家人的支持是我们在人生道路上追求梦想的坚强后盾，让我们无所畏惧。

◎人生中，遇到困难时，朋友的援手能让我们感受到人间的温暖和力量。

◎良好的人际关系能为人生带来更多的快乐和满足感，让我们的生活更加充实。

◎人生如一场梦，而身边的人就是梦中的风景，他们让我们的梦境变得生动而美好。

◎人生的旅程中，我们要学会与他人相互扶持，共同走过艰难的时光。

◎朋友之间的玩笑和调侃，是生活中的调味剂，能让人生充满欢声笑语。

◎家人的团聚是人生中最温馨的时刻，它让我们感受到家的温暖和幸福。

◎人生就像一座山峰，而与他人的良好关系就是攀登山峰的阶梯，帮助我们不断向上。

◎人生中，能够结识一些有见识、有才华的人，能让我们的人生境界得到提升。

◎用真诚和热情去对待他人，你会发现人生中处处都是美好的缘分。

◎人生的道路上，朋友是我们的精神支柱，他们的鼓励能让我们克服重重困难。

◎良好的人际关系能让我们在人生中感受到更多的爱和关怀，让心灵得到慰藉。

◎人生如一首诗，而人与人之间的情感交流就是这首诗中的韵律，让人生充满诗意。

◎人生就像一场旅行，旅伴的选择很重要，他们会影响你旅程的心情和收获。

◎家人的牵挂是人生中最温暖的羁绊，无论我们身在何处，都能感受到那份深深的爱。

◎朋友是人生中的宝藏，他们的智慧和经验能为我们的人生增添光彩。

◎用乐观和积极的态度去面对人际关系中的挑战，你会发现人生充满了希望。

◎人生就像一场游戏，而身边的人就是我们的队友和对手，他们让游戏变得更加有趣。

◎能够拥有一个和谐美满的家庭，是人生最大的幸福之一。

◎懂得与他人合作共赢，是人生的一种智慧，能让我们在竞争中取得更大的成功。

◎我们要学会与他人相互学习，共同进步，让人生更加精彩。

◎人生如一场盛宴，而身边的人就是这场盛宴中的宾客，他们的到来让人生更加热闹和美好。

◎珍惜那些在你人生中陪伴你走过漫长岁月的人，他们是你人生中最珍贵的礼物。

◎学会与他人保持适当的距离，是一种处世的艺术，能让人际关系更加融洽。

◎人生中，与他人的每一次相遇都是一次命运的安排，要学会珍惜和把握。

◎真正的朋友，是能够与你心灵相通，无须过多言语就能理解你的人。

◎人生就像一片森林，而身边的人就是森林中的树木，他们相互依存，共同构成了美丽的风景。

◎家人的爱是人生中最强大的力量，它能让我们在面对困难时变得无比坚强。

◎遇到一个能引领你成长的人，是你的幸运，要珍惜这份缘分，让自己的人生更上一层楼。

◎真诚地对待每一个人，无论在何种情况下都保持善良，你会发现人生之路越走越顺。

◎人生的道路上，朋友是我们可以依靠的肩膀，在我们疲惫时给予我们支持。

◎良好的人际关系能为人生增添许多色彩，让我们的生活不再单调乏味。

◎人生如一场舞台剧，而身边的人就是剧中的角色，他们与我们共同演绎着精彩的人生故事。

◎珍惜那些在你人生中给予过帮助和支持的陌生人，他们的善意让人生充满温暖。

◎学会在人际关系中保持自我，不随波逐流，同时又能与他人和谐相处，是人生的一种境界。

◎人生就像一场航行，而身边的人就是船上的伙伴，与他们齐心协力，才能驶向成功的彼岸。

◎家人的陪伴和支持是人生中最宝贵的财富，无论遇到什么困难，都能让我们感到安心。

◎人生中，能够与他人建立起信任和默契，是一种难得的体验，能让我们的生活更加美好。

◎用微笑和耐心去对待身边的人，你会发现人际关系变得更加和谐，人生也充满了阳光。

◎朋友是人生中的一道光，他们照亮我们前行的道路，让我们在黑暗中不再害怕。

◎良好的人际关系能为人生创造一个良好的环境，让我们能够更好地发挥自己的才能。

◎人生如一首优美的乐曲，而人与人之间的和谐相处就是这首乐曲中的美妙旋律。

◎珍惜那些在你人生中对你不离不弃的人，他们是你真正的朋友，是人生中最珍贵的财富。

◎人生中，与他人的每一次合作都是一次成长的机会，要学会从中吸取经验，提升自己。

◎人生就像一座花园，而身边的人就是花园中的花朵，他们各自绽放，共同构成了美丽的景色。

◎家人的关怀是人生中最温暖的春风，它能吹走我们心中的烦恼和忧愁。

◎人生中，遇到一个能与你相互欣赏、相互鼓励的人，是人生的一大乐事。

◎人生的道路上，朋友是我们的同行者，他们的陪伴让我们的人生旅途充满了欢声笑语。

◎良好的人际关系能为人生带来更多的机遇和可能，让我们的未来充满希望。

◎人生如一本相册，而身边的人就是相册中的照片，他们记录了我们人生的点点滴滴。

◎朋友之间的相互支持，是我们在人生道路上不断前进的动力，让我们能够勇敢地追求梦想。

◎用善良和真诚去对待他人，你会收获一份份珍贵的友谊，让人生充满温暖和爱。

◎人生就像一场冒险之旅，而身边的人就是我们的伙伴，与他们一起探索未知，让人生充满惊喜。

◎家人的爱如同灯塔，在人生的海洋中为我们指引方向，让我们不会迷失自我。

◎人生中，能够与他人建立起深厚的情感纽带，是一种幸福的体验，能让我们的心灵得到滋养。

◎适度的距离让情感如星辰般璀璨而不灼伤。

◎雪中送炭的温度远胜锦上添花的热闹。

◎尊重差异才能让不同的花朵在同一片花园绽放。

◎亲戚不共财，共财断往来。

◎工欲善其事，必先利其器。

◎凡事预则立，不预则废。

◎人无远虑，必有近忧。

◎导师的指引能缩短你在黑暗中摸索的时间。

◎雨天的咖啡馆比晴天多了一层诗意的滤镜。

◎沙发上的争吵痕迹，会被时光打磨成爱的纹路。

◎技能是安身立命的铠甲。

◎长久的关系需要双向的情感账户储蓄。

◎真正的朋友是能接住你所有情绪碎片的容器。

◎过度付出的关系如同透支的账户，终会清零。

◎关系需要定期充电，就像手机需要每日续航。

◎最好的倾听是让对方感受到被看见的温暖。

◎绝境是重新洗牌的机会，别浪费手中的烂牌。

◎黑暗中长出的希望，比阳光下的花朵更坚韧。

◎低谷时的每一步都是向上的台阶。

◎伤疤是生命的地图，记录着我们曾穿越的风暴。

◎最深的绝望里，往往藏着最亮的转机。

◎沙漠中的仙人掌，用尖锐守护着生命的绿洲。

◎茧的黑暗是为了蝴蝶的重生，困境是蜕变的前奏。

◎跌倒时别急着起身，也许能发现意外的宝藏。

◎当潮水退去，真正的朋友会成为你脚下的礁石。

◎困境中的扶持，让孤独的旅程变成温暖的同行。

◎低谷时的一句鼓励，是穿透云层的第一缕阳光。

◎破碎的关系经过修复，会比原来更闪耀。

◎黑暗中握紧的双手，能共同点亮整片星空。

◎逆境是检验真爱的试金石，时间是过滤虚情的沙漏。

◎当眼泪流尽，剩下的就是让笑容更灿烂的力量。

◎最坚固的船，是经历过风浪后依然并肩的船员。

◎把困境当作人生的错题本，从中总结经验。

◎当你凝视深渊时，深渊也在凝视你，但别忘了你还有翅膀。

◎每一次跌倒都是校准人生方向的机会。

◎人际关系的小船需要定期检修，才能抵御风浪。

◎低谷时的思考比顺境时的狂欢更接近真相。

◎真正的朋友是能与你共享沉默的人。

◎低谷时的每一次尝试都是在为未来铺路。

◎把困境当作升级打怪的关卡，通关后会更强。

◎时间不会辜负每一个用力奔跑的人。

◎人际关系的质量取决于你能为他人创造多少价值。

◎当你觉得累时，正是突破舒适区的信号。

◎家人的爱像空气，平时察觉不到，失去时才知珍贵。

◎友情是没有血缘的亲情，需要用心浇灌。

◎爱情需要经营，就像养花需要定期浇水施肥。

◎父母的唠叨里藏着最朴实的爱。

◎孩子是生命的延续，更是独立的个体。

◎微笑是世界通用的语言，能化解隔阂。

◎眼泪是情绪的出口，哭过才能轻装上阵。

◎当一扇门关闭时，另一扇窗会打开，但需要你主动寻找。

◎人生没有如果，只有后果和结果。

◎低谷时看清的人，比顺境时结识的更珍贵。

◎真正的朋友会在你跌倒时伸出手，而不是袖手旁观。

◎家人的支持是穿越逆境的最大底气。

◎陌生人的善意，能温暖整个寒冬。

◎竞争对手也是人生的老师，教会你成长。

◎伴侣的陪伴是穿越逆境的最好礼物。

◎社群的力量能让你不再孤单。

◎接纳现状是改变的第一步。

◎学习新技能，为未来积蓄力量。

◎运动能释放压力，带来积极心态。

◎阅读是穿越逆境的时光机。

◎旅行能开阔视野，转换心境。

◎艺术能抚慰心灵，带来灵感。

◎写作能梳理思绪，找到答案。

◎冥想能平静内心，看清方向。

◎早餐的温度决定一天的心情，别让忙碌偷走生活的仪式感。

◎洗衣机转动的声音，是现代生活最温柔的白噪声。

◎晾衣绳上的褶皱，藏着阳光和时间共同书写的故事。

◎定期整理衣柜，如同给心灵做一次换季大扫除。

◎菜市场的烟火气，是城市最真实的心跳。

◎手机相册里的晚霞，是生活随手馈赠的明信片。

◎地铁通勤的几分钟，是属于自己的移动冥想时间。

◎旧物修补的过程，是对时光的温柔抵抗。

◎父母的唠叨是岁月沉淀的生存指南。

◎孩子的好奇心是成人世界最珍贵的解药。

◎家庭群的消息记录，是数字化时代的家书。

◎家庭群的养生文章，是父母笨拙的关心方式。

◎年夜饭的饺子包着三代人的团圆密码。

◎厨房的烟火气，藏着最温暖的治愈力。

◎父母的背影是人生最早学会的目送。

◎真正的奢侈品是时间，而非价格标签。

◎熬夜后的黑眼圈，是透支生命的印章。

◎体检报告的箭头，是身体发出的 SOS 信号。

◎旅行中的迷路，往往会遇见计划外的风景。

◎辞职后的空虚期，是重新寻找人生锚点的阵痛。

◎年龄增长的恐慌，源于对未来可能性的怀疑。

◎别人的评价，是投射在你身上的他们的价值观。

◎对未知的恐惧，往往大于恐惧本身。

◎乐器练习的枯燥，是通往音乐自由的必经之路。

◎手工制作的粗糙感，是机械复制时代的珍贵温度。

◎买精不买多，如同交朋友宁缺毋滥。

◎冲动消费后的空虚，比付款时的快感更持久。

◎观影时的感动，是灵魂与导演的共鸣。

◎钓鱼时的耐心，是对快节奏生活的温柔抵抗。

◎收藏的手办，是成年人不愿丢弃的童年勋章。

◎晾衣服时衣服上的褶皱，是阳光与纤维的即兴舞蹈。

◎最好的休息不是躺着，而是让心灵换个风景。

◎房间整洁时，心也跟着透亮起来。

◎慢一点，才能听见花开的声音。

◎低谷期是生活给的假期，用来重启人生。

◎分享快乐会让幸福翻倍，分担痛苦能让重量减半。

◎每个日常瞬间，都是未来回不去的限量版。

◎沟通的艺术，在于先听懂对方的沉默。

◎存钱不是限制生活，而是给未来多一份底气。

◎健康是生命的底色，别让忙碌透支了它。

◎早餐的温度，决定了一天的心情基调。

◎旅行的意义，在于让熟悉的世界重新陌生起来。

◎职场中的委屈，往往藏着成长的密码。

◎定期清理手机相册，就像给心灵做减法。

◎周末的仪式感，是对工作日的温柔补偿。

◎绿植是家里最沉默的治愈师。

◎理财的本质，是用今天的智慧规划明天的自由。

◎每一句“改天”，都可能变成永远的缺席。

◎睡前半小时，决定了睡眠的质量。

◎厨房飘出的香气，是最温暖的欢迎词。

◎生活的诗意，往往藏在最朴素的日常里。

◎定期整理衣柜，就像给生活做换季更新。

◎真正的陪伴，是放下手机专注眼前的人。

◎雨天的咖啡香，是能把坏天气变成浪漫的滤镜。

◎职场中的贵人，往往藏在你意想不到的地方。

◎早餐的仪式感，是对新一天的郑重承诺。

◎理财不是锱铢必较，而是让金钱为生活服务。

◎旅行的意义，在于让我们重新认识自己。

◎阅读是穿越时空的精神旅行。

◎职场中的挫折，是能力升级的提示音。

◎手机相册里的旧照片，是时光的琥珀。

◎节日的仪式感，是给平凡日子镀金的魔法。

◎厨房的烟火，是最温暖的家庭纽带。

◎绿植是家里最沉默的情绪观察员。

◎每一次整理房间，都是与过去的自己告别。

◎周末的慵懒时光，是身体给心灵的充电信号。

◎家庭中的小确幸，藏在一杯热牛奶的温度里。

◎绿植的生长节奏，教会我们慢即是快。

◎每一次整理手机相册，都是对记忆的重新归档。

◎慢即是快，少即是多。

◎你的格局，藏着未来的路。

◎成长就是与自己和解的过程。

◎眼泪是情绪的清洁剂。

◎最慢的步伐不是跬步，而是徘徊。

◎优秀是一种习惯，卓越是一种选择。

◎困难是成长的加速器。

◎成功不是将来才有的，而是从决定开始累积的。

◎学习像呼吸，停了就会窒息。

◎你走过的路，终会成为铠甲。

◎别人的屋檐再大，不如自己有把伞。

◎人脉是价值交换，不是讨好索取。

◎把日子过成诗，简单而精致。

◎活在当下，珍惜眼前。

◎日出东海落西山，愁也一天喜也一天。

◎人生没有完美，但求问心无愧。

◎天无绝人之路。

◎消极的人像月亮，初一十五不一样。

◎十年磨一剑，霜刃未曾试。

◎只要功夫深，铁杵磨成针。

◎缘来珍惜，缘去祝福。

◎不属于自己的风景，就该优雅转身。

◎过去的事，交给岁月去处理。

◎害人之心不可有，防人之心不可无。

◎画龙画虎难画骨，知人知面不知心。

◎逢人且说三分话，未可全抛一片心。

◎宁可得罪君子，不可得罪小人。

◎格局打开，世界自宽。

◎思维高度决定人生厚度。

◎平静是最强大的力量。

◎自律即自由。

◎简单到极致，便是高级。

◎慢下来，才能看得见光。

◎太阳每天都是新的。

◎成大事者，必有静气。

◎越努力，越幸运。

◎天助自助者。

◎不属于你的风，就让它穿过森林。

◎是你的终会来，不是你的莫强求。

◎不属于自己的风景，转身即是修行。

◎珍惜眼前人，做好当下事。

◎生活可以是诗，也可以是远方。

◎把日子过成画，简单而精致。

◎慢煮生活，细品时光。

◎仪式感，是对生活的深情告白。

◎眼里有星辰，生活有诗意。

◎平安是福，健康是宝。

◎父母健在，子女绕膝。

◎常在河边走，哪有不湿鞋。

◎春观百花秋赏月华，夏听蝉鸣冬拥雪榻。

◎花开有时谢，云聚终会散。

◎小不忍则乱大谋，大智者常守中庸。

◎出头的椽子先烂，露尖的钉子先弯。

◎不要人夸好颜色，只留清气满乾坤。

◎咬定青山不放松，立根原在破岩中。

◎滚滚长江东逝水，浪花淘尽英雄。

◎吃水不忘挖井人，前人栽树后人乘凉。

◎竹杖芒鞋轻胜马，谁怕？一蓑烟雨任平生。

◎认知突围天地自宽，思维迭代人生开挂。

◎慢煮光阴静待花开，深耕岁月自有果香。

◎竹杖芒鞋轻胜宝马，一蓑烟雨笑傲江湖。

◎山重水复暗藏玄机，柳暗花明必有转机。

◎是非成败转头成空，爱恨情仇终将随风。

◎读书破万卷下笔有神，健身千日练出马甲线。

◎自律即自由早起读书，放纵即枷锁熬夜伤身。

◎跳出舒适圈方能逆袭，深耕技能树才能破防。

◎采菊东篱下，悠然见南山。

◎种豆西窗前，惬意听雨声。

◎行到水穷处，坐看云起时。

◎睡到自然醒，笑迎日升时。

◎海内存知己，天涯若比邻。

◎海阔凭鱼跃，天高任鸟飞。

◎胸中有丘壑，眼里存山河。

◎腹内藏锦绣，笔下走龙蛇。

◎莫愁前路无知己，天下谁人不识君。

◎墙角数枝梅，凌寒独自开。

◎冰雪林中著此身，不同桃李混芳尘。

◎木秀于林风必摧之，堆出于岸流必湍之。

◎瓜田不纳履，李下不正冠。

◎是非终日有，不听自然无。

◎来说是非者，便是是非人。

◎谁言寸草心，报得三春晖。

◎慈母倚门情，游子行路苦。

◎父兮生我，母兮鞠我。哀哀父母，生我劬劳。

◎羊有跪乳之恩鸦有反哺之义，滴水之恩涌泉相报。

◎投我以桃报之以李，受人滴水之恩当以涌泉相报。

◎一粥一饭当思来处不易，半丝半缕恒念物力维艰。

◎饮水思源知恩图报，感恩戴德善莫大焉。

◎穷则独善其身，达则兼济天下。

◎先天下之忧而忧，后天下之乐而乐。

◎横眉冷对千夫指，俯首甘为孺子牛。

◎是非终日有不听自然无，来说是非者便是是非人。

◎酒逢知己千杯少，话不投机半句多。

◎朋友多了路好走，真心少了情难留。

◎三观不合难长久，志趣相投可白头。

◎君子之交淡如水，小人之交甜如蜜。

◎你若盛开蝴蝶自来，你若辉煌朋友自聚。

◎久病床前无孝子，穷途末路见人心。

◎爱要双向奔赴，情需彼此守护。

◎一见钟情靠颜值，日久生情靠三观。

◎宁缺毋滥不将就，错付真心最难受。

◎爱如潮水会退去，情似磐石需经营。

◎始于颜值陷于才华，忠于人品痴于灵魂。

◎愿得一人心白首不分离，免得老来孤苦无人依。

◎自嘲是高情商，嘲讽是低素质。

◎人穷莫入众，言轻莫劝人。

◎富在深山有远亲，穷在闹市无人问。

◎交浅莫言深，情深莫说尽。

◎低质量社交不如高质量独处。

◎人脉不是认识多少人，而是多少人认识你。

◎爱情需要仪式感，婚姻需要烟火气。

◎父母在人生尚有来处，双亲去生命只剩归途。

◎远亲不如近邻，近邻不如对门。

◎邻居相处之道：少管闲事多帮忙。

◎亲戚走动要适度，经济往来要清楚。

◎朋友相交淡如水，久处不厌才是真。

◎点赞之交不如深交，线上聊天不如线下见面。

◎朋友圈人设都是假象，现实中模样才是真相。

◎网恋见光死，奔现需谨慎。

◎微信好友五千人，深夜能聊无几人。

◎群聊热闹是假象，私聊冷清是常态。

◎网络社交要谨慎，保护隐私是关键。

◎别在网上找存在感，多在现实中交朋友。

◎虚拟社交易沉迷，现实生活需珍惜。

◎要么出众要么出局，要么躺平要么内卷。

◎人生若只如初见，何事秋风悲画扇。

◎两情若是久长时，又岂在朝朝暮暮。

◎问世间情为何物，直教人生死相许。

◎锦上添花易，落井下石快。

◎朋友多了路好走，穷途末路无人救。

◎心至虚时能受益，事非经过不知难。

◎人生低谷别慌张，总有转机在路上。

◎经济寒冬抱团暖，人情冷暖互助强。

◎低谷期是增值期，熬过去就是上坡路。

◎曾经沧海难为水，除却巫山不是云，不如看淡皆浮云。

◎十年生死两茫茫，不思量，自难忘，不如珍惜眼前人。

◎春蚕到死丝方尽，蜡炬成灰泪始干，不如做盏长明灯。

◎身无彩凤双飞翼，心有灵犀一点通，不如携手共前行。

◎东边日出西边雨，道是无晴却有晴，不如笑看风云涌。

◎山重水复疑无路，柳暗花明又一村，不如信步向前行。

◎沉舟侧畔千帆过，病树前头万木春，不如涅槃获新生。

◎近水楼台先得月，向阳花木易为春，不如主动去争取。

◎问渠那得清如许，为有源头活水来，不如自我常更新。

◎曾经沧海难为水，除却巫山都是泪。

◎体检单是岁月寄来的账单，健身卡是写给未来的情书。

◎猝死通知从不论资排辈，病床不会给加班费开绿灯。

◎通宵追剧追的是死亡进度条，晨跑踏青踏的是生命延长线。

◎焦虑在深夜生根，希望在晨光抽芽。

◎朋友圈的滤镜美颜，遮不住眼底的血丝纵横。

◎内卷卷走了睡眠质量，躺平躺出了腰间赘肉。

◎抑郁是无声的海啸，倾诉是自救的浮标。

◎房贷能分期偿还，健康却无法按揭。

◎酒局应酬喝垮了肝，体检报告哭红了眼。

◎学区房抢不到前排，救护车总来得太晚。

◎冬夜最寒见星辉，病痛最深懂呼吸。

◎暴雨淋湿了衣裳，泪水冲走了迷惘。

◎电梯总有人超载，生命从不售站票。

◎止痛片麻痹了神经，银杏叶舒展了年轮。

◎咖啡因透支着清醒，褪黑素赎不回深眠。

◎玻尿酸填平了皱纹，眼保健操揉亮了星辰。

◎健身房镜子照见蜕变，CT室屏幕映出悔恨。

◎游戏通关彻夜狂欢，免疫系统节节败退。

◎美颜参数调了又调，血压指数不敢细瞧。

◎一个人使劲踮起脚尖靠近太阳的时候，全世界都挡不住他的光。

◎那些看似不起波澜的日复一日，会突然在某一天让人看到坚持的意义。

◎努力的意义就是：以后的日子里，放眼望去，全部都是自己喜欢的人和事。

◎生活或许会有低谷，但抬头总能看见阳光，心怀希望，就能穿越阴霾。

◎由俭入奢易，由奢入俭难。

◎昨晚多几分钟的准备，今天少几小时的麻烦。

◎人生最大的幸福，是发现自己爱的人正好也爱着自己。

◎人生没有彩排，每一天都是现场直播。

◎人生就像爬坡，要一步一步来。

◎人生天地之间，若白驹之过隙，忽然而已。

◎人生就像一本书，封面是父母给的，我们无法选择，但书中的内容要靠自己去书写。

◎人生是一幅绚丽多彩的画卷，我们要用自己的双手去描绘出属于自己的精彩。

◎人生是一场孤独的旅行，但在旅途中我们会遇到许多志同道合的人，他们会陪伴我们走过一段美好的时光。

◎人生的旅途中，我们会遇到各种各样的人，有些人会成为我们的朋友，有些人会成为我们的敌人，而有些人则会成为我们生命中的过客。

◎人生的美好在于它的多样性，我们可以选择不同的道路，体验不同的生活。

◎人生的旅途中，有时候我们需要停下来，欣赏一下周围的风景，感受一下生活的美好。

◎人生的幸福不在于拥有多少财富和权力，而在于拥有一个健康的身体和一个温暖的家庭。

◎人生的旅途中，我们要学会感恩，感谢那些帮助过我们的人，感谢那些让我们成长的经历。

◎人生的美好在于人与人之间的情感交流，我们要珍惜身边的人，用心去关爱他们。

◎人生的幸福来自与家人和朋友的团聚，我们要珍惜每一次相聚的时光。

◎人生就像一条河流，不断地向前流淌，我们要顺应潮流，才能在人生的道路上顺利前行。

◎人生是一场充满惊喜和感动的旅程，我们要学会发现生活中的美好，用心去感受那些温暖的瞬间。

◎人生的道路上，我们要学会调整自己的心态，保持乐观积极的态度，这样才能更好地面对生活中的各种困难。

◎人生的幸福在于拥有自由和独立的精神，能够做自己想做的事情，追求自己的梦想。

◎人生的道路上，我们要学会与他人分享，分享快乐，分享痛苦，这样才能让我们的人生更加丰富多彩。

◎人生就像一场旅行，不在乎目的地有多远，而在乎我们在旅途中遇到的人和事，以及这些人和事给我们带来的感动和启发。